Die Familie hat einen Erziehungsauftrag. Die Schule hat einen Bildungsauftrag. Gleichzeitig ist die Familie ein Ort der Bildung und die Schule ein Ort der Erziehung.

Eltern, Erzieher und Lehrer tragen daher gemeinsam Verantwortung für die Zukunft unserer Kinder und Jugendlichen. Und nur gemeinsam können sie erfolgreich sein.

Die Gesetze des Schulerfolgs (GdS)

… sind ein Programm zur inhaltlichen Elternarbeit in Kindergärten und Schulen.

Grundlage ist das Magische Erziehungsdreieck von Klaus Hurrelmann:
Kinder und Jugendliche brauchen die „3 A“: Anerkennung, Anregung und Anleitung.

Eltern sind die Experten für ihre Kinder. Sie benötigen – wie alle Experten – eine Fortbildung

---

GdS – Stark *in die* Schule
Das Ankommen in der Grundschule erleichtern

- **Interaktive Präsentation** für Erzieherinnen und Erzieher
- **Ein Elternheft** zur Sicherung der Nachhaltigkeit

Lernbezogene Elternarbeit in Kindergärten, Vorschulen und Grundschulen

GdS – Stark *in der* Schule
Mit der Erziehung die Weichen stellen | Richtig motivieren – besser lernen | Familie als Lernort gestalten

- **Interaktive Präsentation** für Lehrerinnen und Lehrer
- **Drei Elternhefte** zur Sicherung der Nachhaltigkeit

Leistungsbezogene Elternarbeit in Grundschulen und weiterführenden Schulen

Einsatz der GdS-Elternhefte auch im Pädagogikunterricht der Sekundarstufen I, II

Übersetzung der Kurzfassung des GdS-Elternbuchs in über 20 Sprachen zum kostenlosen Download für Schulen und Kindergärten

Albanisch – Afghanisch (Farsi und Paschtu) – Arabisch – Chinesisch – Englisch
Eritreisch (Tigrynia) – Französisch – Griechisch – Italienisch – Kroatisch – Kurdisch
Persisch (Farsi) – Polnisch – Portugiesisch – Rumänisch – Russisch – Serbisch
Somalisch – Spanisch – Türkisch – Ukrainisch – Ungarisch – Vietnamesisch

In Kooperation mit der aim – Akademie für Innovative Bildung und Management Heilbronn-Franken, gemeinnützige GmbH
www.aim-akademie.org

Inhaltsverzeichnis

Mit der Erziehung die Weichen stellen (1)

Vorwort / Die GdS-Grundsätze 5
Unser Roter Faden 8
1. Gesetz: Ermöglichen Sie Ihrem Kind eine sichere Bindung! 9
2. Gesetz: Begeben Sie sich auf Schatzsuche! 13
3. Gesetz: Lassen Sie Ihr Kind spielen. Fördern Sie sein selbstentdeckendes Lernen! 17
4. Gesetz: Stärken Sie die Freude an der Leistung! 19
5. Gesetz: Seien Sie Ihrem Kind Vorbild! 21
6. Gesetz: Halten Sie sich an die „goldene Mitte“! 26
7. Gesetz: Verzichten Sie auf Strafen! 32
8. Gesetz: Fragen Sie Ihr Kind: „Bist du glücklich?“! 35
Bleiben Sie gelassen. Fehler gehören zum Leben 38
Danksagung 40
Lösungen / Bildnachweis / Impressum 41

Die Themen der beiden anderen Elternhefte

Richtig motivieren – besser lernen (2)

9. Gesetz: Jedes Kind hat Freude am Lernen. Tragen Sie dazu bei, dass es so bleibt!
10. Gesetz: Stärken Sie die drei Schlaumacher!
11. Gesetz: Seien Sie der Coach Ihres Kindes!
12. Gesetz: Helfen Sie beim Aufbau eines Wissensnetzes!
13. Gesetz: Übung macht den Meister. Unterstützen Sie das Festigen der Lerninhalte!
14. Gesetz: Sorgen Sie für gute Gefühle beim Lernen!
15. Gesetz: Lassen Sie Schulmüdigkeit nicht aufkommen!
16. Gesetz: Pubertät – Lassen Sie los und geben Sie Halt!

Familie als Lernort gestalten (3)

17. Gesetz: Machen Sie die Familie zum Lernort!
18. Gesetz: Unterstützen Sie Ihr Kind beim Erwerb von Medienkompetenz!
19. Gesetz: Reden Sie mit Ihrem Kind! Lesen Sie ihm vor!
20. Gesetz: Unterstützen Sie die Teamarbeit!
21. Gesetz: Geben Sie Fleiß und harter Arbeit in der Familie einen hohen Stellenwert!
22. Gesetz: Trainieren Sie die Konzentrationsfähigkeit!
23. Gesetz: Halten Sie sich bei den Hausaufgaben Ihres Kindes zurück!
24. Gesetz: Halten Sie guten Kontakt zur Schule Ihres Kindes!

Sehr geehrte Eltern, liebe Mütter und Väter,

Mütter und Väter erziehen ihre Kinder nicht nur, sie tragen auch in hohem Maße zu ihrer Bildung bei. Erzieher und Lehrer sind dabei ihre Partner. Eine gute Erziehung und eine solide Bildung sind für unsere Kinder und Jugendlichen der Schlüssel für ihre Zukunft.

Und diesen Schlüssel haben Sie in der Hand!

Mütter und Väter sind die Experten für ihr Kind. Sie brauchen – wie alle Experten – eine Fortbildung. Mit den „Gesetzen des Schulerfolgs (GdS)" werden Eltern kompetente und entspannte Lernbegleiter ihrer Kinder.

Das Magische Erziehungsdreieck

Das GdS-Programm basiert auf dem „Magischen Erziehungsdreieck" von Prof. Klaus Hurrelmann. Damit Kinder und Jugendliche ihre angeborene Lern- und Leistungsfreude bewahren und ihre Fähigkeiten entfalten können, brauchen sie die **3 A: Anerkennung, Anregung, Anleitung.** Diese **3 A** sollten von den Eltern im Idealfall in einer lebendigen Balance gehalten werden – wie die Bälle eines Jongleurs, die sich immer in der Luft befinden.

Ein Kind aufwachsen zu sehen, gehört zu unseren spannendsten Erlebnissen.
Genießen Sie die Zeit. Trauen Sie Ihrem Kind etwas zu. Vertrauen Sie ihm. Denn jedes Kind entwickelt sich aus sich heraus. Voraussetzung ist allerdings, dass es sich wohlfühlt und die notwendigen altersgemäßen Erfahrungen sammeln kann.

Gelegentlich werden wir gefragt, was unter **„Gesetze“** und **„Schulerfolg“** zu verstehen ist.

- **„Gesetze“** bedeuten, dass es sich um mehr handelt als um *Empfehlungen*.
  Ihre Beachtung ist *keine Garantie* für Schulerfolg, sondern eine *Voraussetzung*.
- **„Schulerfolg“** bedeutet, dass Kinder und Jugendliche ihre Potenziale ausschöpfen.
  Sie wollen zeigen können, was in ihnen steckt.

Die GdS-Elternhefte liefern Müttern und Vätern keine Rezepte. Kinder kann man nicht nach Gebrauchsanweisung erziehen. Aber mit zahlreichen Anregungen für den erzieherischen und schulischen Alltag werden die Hefte zum wertvollen Begleiter durch die gesamte Schulzeit Ihres Kindes.

Ihnen wünsche ich viel Freude an Ihren Kindern.
Ihren Kindern wünsche ich Erfolg – in der Schule und im Leben.

Adolf Timm

Unsere Kinder können mehr. Die GdS-Grundsätze

1. Unsere Kinder und Jugendlichen können mehr. Alle wollen lernen.
2. Jeder ist gut in irgendetwas.
3. Niemand wird beschämt. Niemand wird zurückgelassen.
4. Eltern, Erzieher und Lehrer sind Partner.
5. Schulerfolg ist der Schlüssel zur Integration.
6. Bildung ist unser wichtigster Rohstoff.

Dass alle Kinder und Jugendlichen ihre Potenziale ausschöpfen, ist eine Frage ihrer Würde – und unserer Bildungsgerechtigkeit. Die Zukunft unserer Wissens- und Wohlstandsgesellschaft hängt davon ab.

GdS – Stark *in der* Schule

Mit der Erziehung die Weichen stellen (1)

Unser Roter Faden

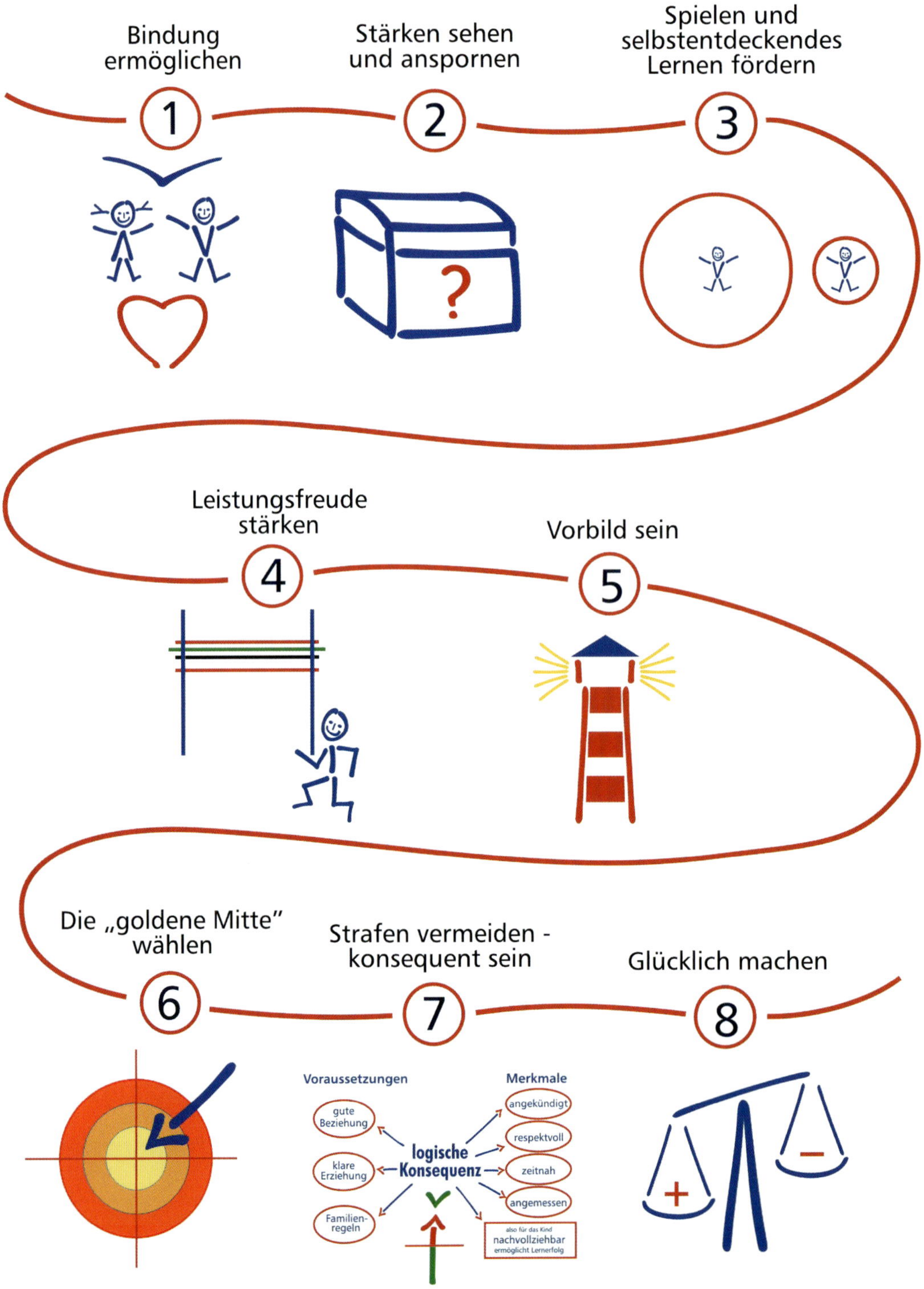

1 Bindung ermöglichen

2 Stärken sehen und anspornen

3 Spielen und selbstentdeckendes Lernen fördern

4 Leistungsfreude stärken

5 Vorbild sein

6 Die „goldene Mitte" wählen

7 Strafen vermeiden - konsequent sein

Voraussetzungen
gute Beziehung
klare Erziehung
Familienregeln

logische Konsequenz

Merkmale
angekündigt
respektvoll
zeitnah
angemessen
also für das Kind nachvollziehbar ermöglicht Lernerfolg

8 Glücklich machen

1. Gesetz: Ermöglichen Sie Ihrem Kind eine sichere Bindung!

Warum Liebe der Nährboden für den Schulerfolg ist

Auf den ● gebracht

Die Liebe der Eltern führt zu einer „sicheren Bindung".
Sichere Bindung gibt dem Kind Stärke.

Die Liebe der Eltern gibt dem Kind seelische Widerstandskraft (= Resilienz).
Sie ist die Grundlage für Erziehung, gute Entwicklung und Schulerfolg.

Ein Kind braucht die „**4 Z**" (**Z**ärtlichkeit / **Z**uwendung / **Z**eit / **Z**uverlässigkeit)
wie sein tägliches Essen und Trinken.

Nur eine „sichere Bindung" zu Eltern ermöglicht dem Kind:

Neugier – Lernfreude – Selbstsicherheit – Freude am Spielen – Konzentrationsfähigkeit – Interesse, Neues kennenzulernen – Fähigkeit, Konflikte auszuhalten und „Nein!" zu sagen – Offenheit – Empathie (Einfühlungsvermögen) – Seelische Widerstandskraft (Resilienz) …

Zum erfolgreichen Lernen brauchen Kinder Eltern, die ihnen auch „den Spiegel vorhalten",

- die sie ermutigen, wenn sie nicht an sich glauben.
- die sie bremsen, wenn sie falsche Erwartungen an sich haben.

Die Liebe der Eltern gibt dem Kind Wurzeln

Zuerst die Wurzeln, dann die Flügel

Bindung stärken. Anregungen für den Alltag

1. **Geben Sie Ihrem Kind vor allem Liebe. Es braucht Ihre Zeit, Ihre Zuwendung und Ihre Zärtlichkeit.** – Zuwendung beginnt mit Blick- und Körperkontakt. Schauen Sie das Kind an. Seien Sie da, wenn es Sie braucht. Nehmen Sie es in die Arme. Sagen Sie ihm, dass Sie es lieb haben. Und nicht vergessen: Legen Sie das Smartphone beiseite!
2. **Stärken Sie die Resilienz (= seelische Widerstandsfähigkeit) Ihres Kindes immer wieder** – durch Wertschätzung, Vertrauen und Sicherheit, durch Regeln und Struktur, durch Ermutigung zu Eigenaktivität und Verantwortung, durch Optimismus und Humor …

- Viel Kraft und Widerstandsfähigkeit braucht Ihr Kind in Entwicklungsübergängen, wie Einschulungen oder Pubertät. Es ist dann besonders empfindlich.

3. **Zeigen Sie Ihrem Kind auch als Schulkind Ihre Liebe.** – Lieben Sie Ihr Kind für das, was es ist, und nicht für das, was es leistet.

- „Ich mag dich so, wie du bist. Ich liebe dich, egal wie die Klassenarbeit ausfällt."

4. **Stärken Sie die „sichere Bindung" Ihres Kindes zu seinen Lehrern. –** Sorgen Sie für ein gutes Verhältnis zwischen Elternhaus und Schule.

6. Fragen Sie sich gelegentlich am Ende eines Tages:

- Welche Wirkung hat mein Tun und Unterlassen *heute* auf mein Kind gehabt?
- Hat mein Kind *heute* aus meinen Worten und Taten Stärke bezogen?
- Was habe ich *heute* konkret getan, um mein Kind stark zu machen?
- Wodurch habe ich *heute* sein Selbstwertgefühl und seine Widerstandskraft gestärkt?
- Habe ich *heute* Zeit für mein Kind gehabt?

Zur Vertiefung: Sichere Bindung und Zeit

Stärken Sie die sichere Bindung durch Zeit, die Sie mit dem Kind verbringen!

Auf den  gebracht

Kinder brauchen eine Zeit, in der die Eltern nur für sie da sind.
Wir nennen das „Qualitätszeit".

Eltern müssen sich ganz und gar dem Kind zuwenden. Das bedeutet...
... Zeit haben für das Zusammensein,
... Zeit haben für das Gespräch,
... Zeit haben, etwas miteinander zu tun / zu unternehmen.

Kinder lieben Überraschungen. Zu den schönsten Überraschungen gehört, wenn die Eltern zu ihnen sagen: „Heute habe ich ganz viel Zeit für dich."

- Wenn Eltern sich auf ihre Wünsche einlassen und fragen: „Was wollen wir gemeinsam unternehmen?", macht sie das glücklich.

Ein Kind, das zu Hause keine Aufmerksamkeit findet,
wird in der Schule durch Stören „negative Aufmerksamkeit" suchen.

„Qualitätszeit" schaffen

Zeit für die Kinder in den Tagesplan (Wochenplan) einplanen

Qualitätszeit schaffen. Anregungen für den Alltag

1. **Bauen Sie feste Qualitätszeit („Zweierzeit" / „Zeitrituale") in den Tagesablauf ein** – und festigen Sie so die Bindung zu Ihrem Kind. Sie zeigen Ihrem Kind damit: „Du bist mir wichtig!"

- **Wenden Sie sich Ihrem Kind zu,** ohne dass Sie nebenbei Wäsche legen, mit dem Smartphone herumhantieren, Einkaufszettel schreiben, Staub wischen oder …
- **Die gemeinsame Mahlzeit ist Qualitätszeit. Als ein wichtiges Familienritual sollte sie möglichst einmal am Tag stattfinden.** – Belasten Sie Ihr Kind dabei nicht mit Ausfragerei über die Schule. Wenn Kinder berichten wollen, tun sie es ungefragt.
- **Spielen Sie mit Ihrem Kind.** – Das Ritual eines gemeinsamen Spiele-Abends vermittelt Sicherheit und Geborgenheit. Es vereint und stärkt die Familie.

2. **Stärken Sie (gerade nach einem unangenehmen Schultag) die positiven Gefühle. –** Lenken Sie seine Aufmerksamkeit auf Positives, Schönes, Angenehmes, Erfreuliches.

3. **Schwächen Sie die negativen Gefühle Ihres Kindes ab und machen Sie ihm Mut.** – Wenn es z.B. eine Klassenarbeit verhauen hat, nehmen Sie es einfach in die Arme und besprechen dann mit ihm Wege zu besseren Ergebnissen.

4. Befreien Sie Ihr Kind mit Ihrer Zuwendung aus einer schwierigen schulischen Situation.
Fragen Sie am Ende einer Schulwoche immer wieder einmal:
„Gibt es etwas, worüber du mit mir reden möchtest?"

Jeden Tag „Qualitätszeit" haben

2. Gesetz: Begeben Sie sich auf Schatzsuche!

Warum wir die Stärken unserer Kinder hervorheben und Beschämungen* vermeiden sollen

Auf den  gebracht

Ein Kind, das immer wieder hört, „immer machst du dumme Fehler“, lernt vor allem dies: „Ich mache immer dumme Fehler!“

Daher weisen Eltern (und Lehrer) Kinder auf das hin, was sie bereits gut können.

Dann fühlen Kinder sich bestärkt und entwickeln ein positives Bild von sich selbst. Sie trauen sich selbst etwas zu. Und sie fordern sich selbst heraus.

Eltern sollen nicht nach Fehlern suchen, sondern nach den Stärken der Kinder!

- Sie schauen vor allem auf das, was das Kind kann.
- Sie erkennen seine Stärken. Sie geben ihm dafür positive Rückmeldung.
- Sie schaffen Möglichkeiten, damit ihr Kind seinen Interessen nachgehen kann.
- Sie gehen auf seine Begabungen und Talente ein.

Achtsame Eltern begeben sich auf Schatzsuche bei ihrem Kind.

* Beschämung: „entwürdigende Behandlung“

Bei unseren Kindern auf Schatzsuche gehen

Stärken fördern. Anregungen für den Alltag

1. **Fördern Sie die individuellen Stärken Ihres Kindes.** – Denn wer Erfolg hat, behält die Freude am Tun und kann mit seinen Schwächen besser umgehen. Wichtiger als die Beseitigung der Schwächen ist der Ausbau der Stärken.
2. **Nehmen Sie Ihr Kind in den Arm.** – Sagen Sie ihm, wie unendlich viel es bereits kann und erreicht hat. So stärken Sie seine „positive Selbsteinschätzung".
3. **Lassen Sie Ihr Kind spüren, dass Sie eine positive Vision (eine positive Sicht) von ihm haben.** – „Ich weiß, dass du das kannst!" „Ich weiß, wenn du dich bemühst, schaffst du es!"

- So geben Sie Ihrem Kind Zuversicht und fördern seine Selbstsicherheit.

4. **Versuchen Sie nicht, in Ihrem Kind „das Wunderkind" zu entdecken.** – Melden Sie es nicht gleich in der Hochbegabtenschule an, nur weil es im Diktat zweimal hintereinander eine „Eins" geschrieben hat.

- Erwarten Sie etwas von Ihrem Kind. Aber setzen Sie Ihr Kind nicht durch verfrühte oder überhöhte Erwartungen unter Druck.

5. Erkennen Sie mit 7 Erbsen in der Tasche die Stärken Ihres Kindes.

Motivationsforscher sagen:

**„Jedes Kind hat seine Begabungen.
Wir müssen nur herausfinden, welche."**

Und so finden Sie die Begabungen Ihres Kindes heraus:

1. Sie stecken sich am Morgen 7 Erbsen in die linke Hosentasche.
2. Immer dann, wenn Sie eine Stärke Ihres Kindes entdeckt haben, nehmen Sie eine Erbse in die rechte Tasche.
3. Am Abend sprechen sie Ihre Tochter / Ihren Sohn dann darauf an, nehmen sie / ihn in den Arm und sagen ihr / ihm, wie stolz Sie auf sie / ihn sind.

Zur Vertiefung: Schatzsuche und Bestärkung

Schaffen Sie eine Kultur der Anerkennung!

Auf den ● gebracht

Tadel blockiert und Lob ermutigt.
Wenn Kinder Lob und Anerkennung bekommen, lernen sie gern.

Kinder lernen von Menschen, die sie gern haben.

Kinder und Jugendliche sind biologisch von Zuwendung und Anerkennung abhängig.

Bei Lob und Erfolg schüttet das Gehirn Glückshormone (z.B. Dopamin*) aus.
Das löst angenehme Gefühle aus. Das Kind will eine Wiederholung.

Das Kind wird gelobt, wenn es sich anstrengt, und freut sich über sein Tun.
Lob und Anerkennung stärken den Willen zu lernen.

Mit ihrer Zuwendung und Anerkennung stärken Eltern (und Lehrer) die Motivation des Kindes – und ihre Persönlichkeitsentwicklung.

Glückshormone machen „Lust auf mehr"

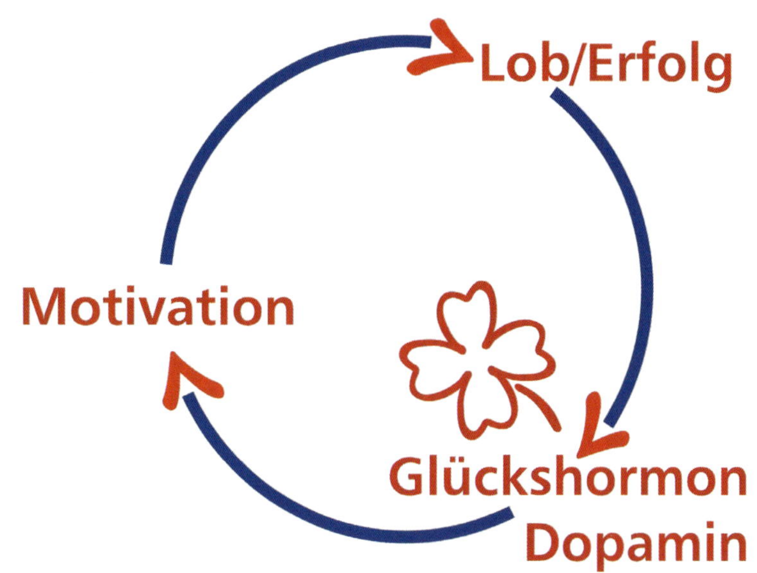

* **Was bewirken „Glückshormone", z.B. Dopamin?**

Dopamin ist ein Nervenbotenstoff („Glückshormon"), der in den Schaltstellen des Gehirns wirkt, die für **Lernen, Gedächtnis, Neugierde und Motivation** zuständig sind.

Dopamin steigert das Lernvermögen:

- Es steuert die Wachheit, die Aufmerksamkeit und die Neugierde.
- Es facht die Fantasie an.
- Es unterstützt das Selbstvertrauen und macht optimistisch.
- Es motiviert, bestimmte Ziele erreichen zu wollen.

Haben Sie Ihr Kind heute schon gelobt?

1. **Loben Sie Ihr Kind für sein Bemühen (unabhängig vom Ergebnis).** – Wichtig ist die Stärkung seiner (schulischen) Anstrengungsbereitschaft.
2. **Beachten Sie die persönlichen und schulischen Fortschritte Ihres Kindes.** – Und verstärken Sie diese durch Lob und Anerkennung. Sagen Sie ihm: „Ich freue mich für dich!"
3. **Ermutigen Sie Ihr Kind, neue Herausforderungen zu wagen.** – Mit einem anerkennenden „Du hast schon viel erreicht, das schaffst du auch!" stärken Sie seine „positive Selbsteinschätzung".
4. **Unterscheiden Sie zwischen richtigem (r), falschem (f) und vergiftetem (v) Lob.***

1. „Schön, dass du eine ‚Zwei' geschrieben hast, das nächste Mal wird es eine ‚Eins'!" __
2. Mutter zu 8-jährigem Kind: „Toll, dass du deine Schuhe selbst zugebunden hast!" __
3. Vater zur Tochter: „Ich freue mich, dass du so sorgfältig deine Hausaufgaben erledigst!" __
4. Mutter zum Kleinkind bei jeder Gelegenheit: „Prima hast du das gemacht!" __
5. Finnland / Rückgabe der Klassenarbeit: „Lob haben alle verdient, die sich angestrengt haben!" __
6. „Schön, dass du eine ‚Zwei' hast, Robert, dein Freund Ole hat bestimmt eine ‚Ein'"!" __
7. Mutter lobt das Schulkind beinahe täglich: „Du bist ein ganz toller Junge!" __
8. „Schön. Wenn der Aufsatz noch etwas länger werden soll, schreib doch, was du in den Ferien erlebt hast!" __
9. Der Vater zum 14-jährigen Sohn: „Ich freue mich, dass du eine ‚Vier' geschrieben hast." __
10. Opa zum Enkel: „Für jede ‚Eins' in einer Mathearbeit bekommst du von mir 2 Euro!" __
11. Amerikanisches Lob: „Nice try!" – „Schöner Versuch! Probier es noch einmal!" __
12. „Ich gratuliere, dass du im Diktat eine gute Zensur hast, aber die Schrift ist saumäßig!" __

5. Bestärken Sie Ihr Kind auch ohne viele Worte.

Nehmen Sie Ihr Kind in den Arm, wenn ihm etwas geglückt ist.
Hängen Sie sein Bild auf, wenn es sich beim Malen große Mühe gegeben hat. …

* Lösung s. S. 41

3. Gesetz: Lassen Sie Ihr Kind spielen. Fördern Sie sein selbst-entdeckendes Lernen!

Warum Kinder und Jugendliche (auch Computer-) Spiele brauchen

Auf den  **gebracht**

Kinder und Jugendliche brauchen andere Kinder und Jugendliche.
Sie brauchen das Spielen, die Natur und die eigene Erfahrung.
Sie brauchen Freiräume und Orte ohne Erwachsene.

Sie brauchen auch den Umgang mit Computer-, Video- und Lernspielen.
Sie erhalten dadurch spielerischen Kontakt
zu Taktik, Teamwork, Technik, Fremdsprachen und …
Sie lernen in dieser neuen Welt auch für Schule, Berufswelt und Zukunft.

1920 war der Urgroßvater schon mit 8 Jahren mehrere Meilen zum Angeln gelaufen.

1950 durfte sein Schwiegersohn mit 8 Jahren eine Meile entfernt im Wald spielen.

1970 durfte dessen Tochter mit dem Fahrrad ins örtliche Schwimmbad fahren.

Heute darf ihr Sohn allein nur noch bis zum Ende der Straße gehen. Zur Schule wird er mit dem Auto gefahren. (aus einem Bericht der Zeitung Daily Mail über Kinder in Sheffield / England)

Die „Streifräume“ der Kinder und Jugendlichen sind heute *kleiner*, die „Erfahrungsräume“ *größer* geworden. Gewachsen sind auch die Gefahren.

Spielen ist die beste Lernförderung. Kinder lernen ...

... Regeln zu erkennen und einzuhalten, Konflikte zu lösen, mit Niederlagen fertig zu werden, sich in Geduld zu üben, ihre Gefühle im Zaum zu halten / ... die Welt zu erforschen / ... zu improvisieren / ... sich zu konzentrieren / ... nicht so schnell aufzugeben, wenn man erfolgreich sein will / ... Fairness, Verantwortung und Respekt ...

Sie lernen, dass es Probleme gibt und Lösungen, die mit Geduld und mit Kreativität gefunden werden. / Sie lernen Kooperation und soziale Kompetenz.

Computer- und Videospiele. Anregungen für den Alltag

1. **Seien Sie nicht besorgt, wenn Ihr Kind allzu eifrig am Computer spielt.** – Das ist nicht bedrohlich, sondern vergleichbar mit den Kindern, die früher heimlich unter der Bettdecke weitergelesen haben, obwohl die Eltern das verboten hatten.
2. **Achten Sie auf eine zeitliche Begrenzung.** – Mediziner und Psychologen empfehlen z.B. für Jugendliche feste Zeiten von zwei, drei Stunden als **Obergrenze** zu bestimmen. Aber diese darf auch nicht verhandelt werden! (siehe auch G 18)
3. **Machen Sie Ihrem Kind klar, welches Risikopotenzial die Spielerei hat. –** Äußern Sie aber gleichzeitig, dass Sie auch verstehen, wie attraktiv die Spiele sind. Informieren Sie sich über die Inhalte der Spiele und achten Sie auf die Altersangabe auf den Packungen.
4. **Unterscheiden Sie mit Ihrem Kind zwischen „begeistertem“ und „süchtigem“ Spielverhalten.** – Krankhaftes Spielverhalten liegt vor, wenn die Tochter oder der Sohn seine sozialen Kontakte wie Freunde und Familie oder seine schulischen Pflichten oder seine Hobbys vernachlässigt. Steht das Kind unter „Wiederholungszwang“ oder ist es unfähig zur „Abstinenz“, zum zeitweisen Verzicht? Flüchtet es vor Problemen?

- Bei begründetem Verdacht sollten die Eltern eine Beratungsstelle aufsuchen.

Bitte finden Sie selbst eine Überschrift!

4. Gesetz: Stärken Sie die Freude an der Leistung!

Warum Kinder für ihre Entwicklung eine Kultur der Anstrengung brauchen

Auf den  **gebracht**

Die Aufgaben, die das Kind lösen soll, sollten ein wenig schwieriger sein als vorher (wie beim Hochspringer). Dann kann es Erfolge erleben.

Das Kind sucht neue Aufgaben. Denn Leistung macht glücklich.

Anstrengung, Arbeit, Leistung stärken das Selbstwertgefühl des Kindes. Sie dienen der Entfaltung seiner Begabungen.

Denn jedes Kind will das „Glück der Leistung“, das „Glück der Anstrengung“, das „Glück des Erfolgs“ erfahren.

Kinder sind leistungsbereit, offen und lernen leicht. Sie *wollen* gefordert werden.

Da Fordern und Fördern zusammengehören, müssen Elternhaus, Kita und Schule geeignete Angebote machen.

- Zu viel verlangen (= Überforderung) oder zu wenig verlangen / Verwöhnen (= Unterforderung) schaden dem Kind.

Die Latte „erreichbar“ höher legen

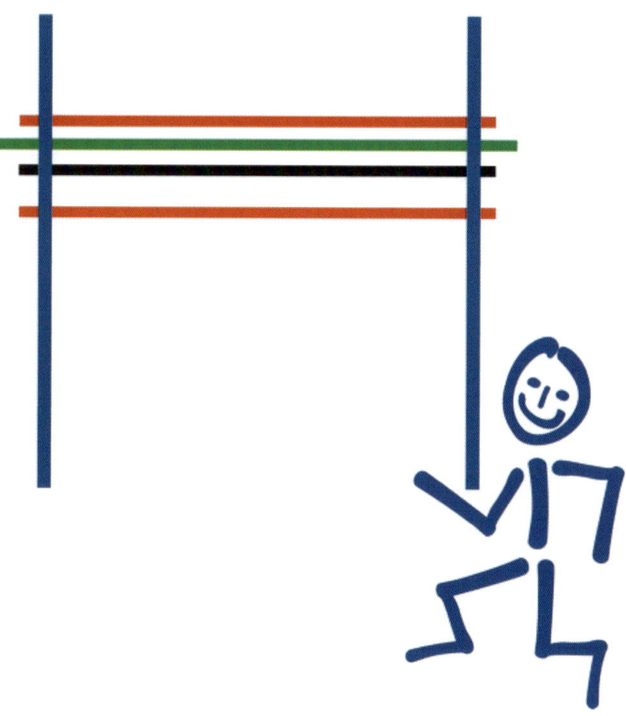

Leistungsfreude stärken. Anregungen für den Alltag

1. **Lassen Sie Ihr Kind zu Hause Pflichten übernehmen.** – Wer seinen Pflichten nachkommt, verschafft sich Erfolgserlebnisse. Wer sich an Gemeinschaftsaufgaben beteiligt, fühlt, dass er dazugehört.
2. **Legen Sie mit Ihrem Kind den Pflichtenkatalog gemeinsam fest.** – Sagen Sie ihm, wie sehr es Ihnen den Alltag erleichtert und wie stolz Sie auf es sind.
3. **Stärken Sie die „positive Selbsteinschätzung" Ihres Kindes – als eine wichtige Voraussetzung für seinen Schulerfolg.** – Loben Sie Ihr Kind für seine Anstrengungsbereitschaft.

- Und machen Sie ihm Mut für die zu bewältigende Herausforderung. Stärken Sie seine Zuversicht, dass es sein Ziel auch erreichen kann.

4. **Machen Sie (in Absprache mit den Lehrkräften) Übungen zu Hause.** – Denn in der Schule fehlt oft die Zeit, Defizite aufzuarbeiten.

- Beispiele: Lernspiele / Mathe-Aufgaben / Diktate üben / Vokabeltrainer … / Kinder finden schnell Gefallen daran, wenn sie merken, dass ihre Kompetenzen sich erweitern.

5. **Informieren Sie sich über die schulischen Fortschritte.** – Überprüfen Sie von Zeit zu Zeit das Wissen Ihres Kindes: das 1x1, die Rechtschreibung, Vokabeln … Werfen Sie ab und zu einen Blick in die Schulhefte. Erleichtern Sie die Arbeit der Lehrkräfte.

6. Geben Sie nicht gleich nach, sondern bleiben Sie konsequent:

„Dann fütterst du Lotti eben *ohne* Lust!"

5. Gesetz: Seien Sie Ihrem Kind Vorbild!

Warum nur das Handeln die schulischen Kompetenzen stärkt

Auf den ● gebracht

„Erziehung ist Vorbild und Liebe – weiter nichts." (Friedrich Fröbel)*

Kinder gehen von ganz allein dorthin, wohin auch die Eltern gehen.

„Das vorbildliche Verhalten der Eltern
ist der beste Schutz gegen Nikotin, Alkohol und Drogen." (Joachim Bauer)**

Ein Kind beobachtet, wie ein Mensch, den es mag, etwas Bestimmtes macht.
Das Kind ahmt den Erwachsenen nach.
Eltern sind Vorbild, auch bei der Konfliktlösung.

- Beispiel „Familienstreit": Wenn Eltern mit Konflikten angemessen umgehen, können sie damit rechnen, dass auch ihre Kinder konfliktfähig werden und ein angemessenes Sozialverhalten entwickeln.

* Friedrich Fröbel (1782 – 1852), Begründer der Kindergartenpädagogik
** Prof. Joachim Bauer, Mediziner und Psychotherapeut, Freiburg

Eltern sind wie ein „Leuchtturm"

Vorbild sein. Anregungen für den Alltag

1. **Gehen Sie höflich miteinander um (be polite), und verlangen Sie von Ihren Kindern, dass auch sie sich höflich (gegenüber Eltern und Lehrern) verhalten. –** „Bitte" und „danke" sagen, freundlich grüßen, gegebenenfalls um Verzeihung oder Entschuldigung bitten soll zu Hause und in der Schule eine Selbstverständlichkeit sein.

2. **Zeigen Sie Ihrem Kind, dass das Lebensmotto „lebenslanges Lernen" auch für Sie gilt.** – Seien Sie Vorbild im Umgang mit geistigen Herausforderungen und mit Medien.

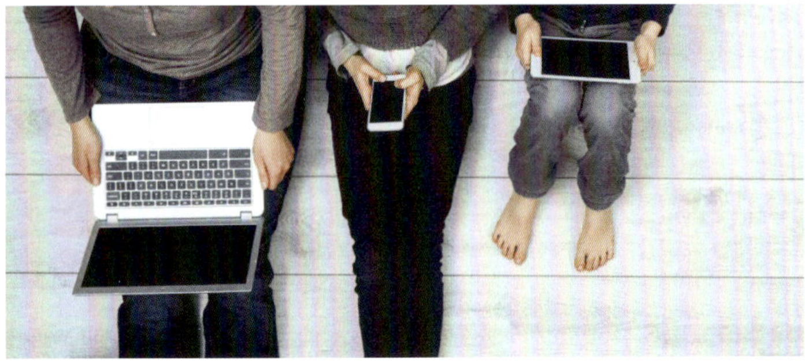

3. **Ein paar Ideen zum Schluss.** Eltern sind Vorbild für ihre Kinder, wenn sie … auch ihren Umgang mit den elektronischen Medien begrenzen / … sich für Neues interessieren und stets dazu lernen wollen / … sich gesund ernähren / … sich sportlich betätigen / …

„Wer Kindern die Liebe zur Natur predigt, …" (s. S. 41)

Zur Vertiefung: Vorbild und Werte-Kompass

Wie eine „Familien-Werte-Vereinbarung" abgeschlossen wird

Auf den ● gebracht

Eltern besitzen Werte und leben Werte vor und vermitteln Werte.*
Damit geben die Eltern dem Kind Orientierung.

Sie helfen ihm gut zu handeln, wie es das bei seinen Eltern erlebt.

Werte machen den Erfolg in der Schule leichter.

Liebevolle Zuwendung, Wärme und Respekt in der Familie („sichere Bindung") sowie gemeinsame Werte machen immun gegen schlechte Einflüsse von außen.

Werte sind wie ein Geländer, an dem entlang Kinder ihren Lebensweg gehen können – und Erfolge haben.

Werte können Eltern nur vermitteln, indem sie sie vorleben.

* Zwischen „Werte" und „Tugenden" wird hier kein Unterschied gemacht. / s.u. Unser Werte-Katalog

Kinder haben mehrere „Lebenswelten"

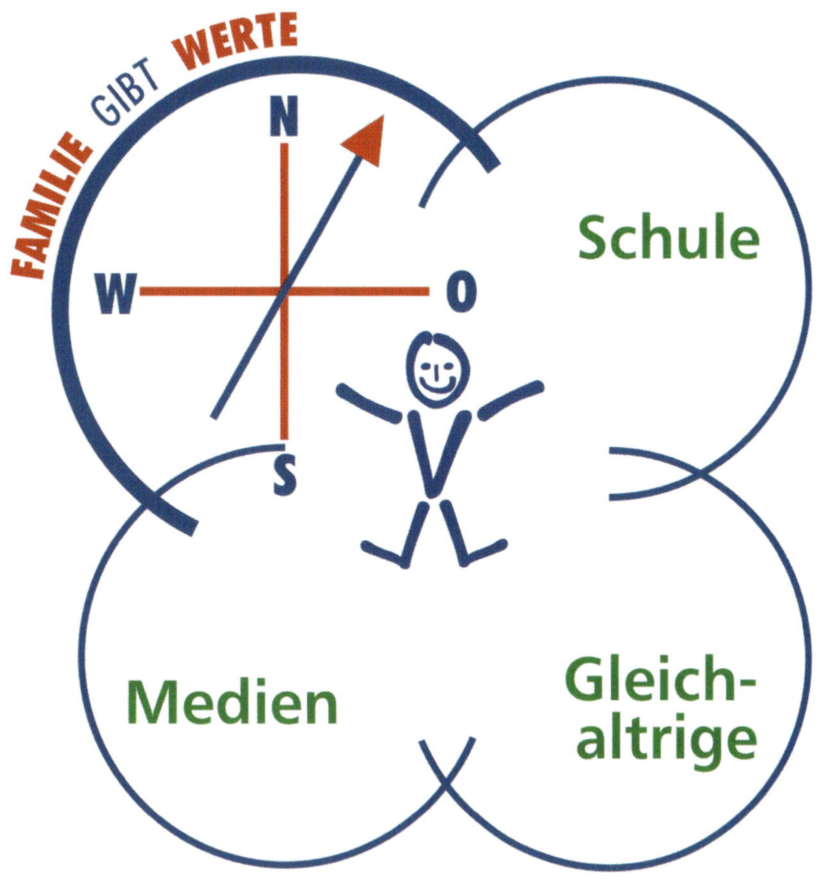

Unser Werte-Katalog in der Familie

Diese Werte gelten für alle Mitglieder in der Familie

Gemeinsinn Disziplin Gerechtigkeit Verlässlichkeit
Anstand Benehmen / Höflichkeit Durchsetzungsvermögen
Vertrauenswürdigkeit Freundlichkeit Pünktlichkeit Konfliktfähigkeit Ordnung
Hilfsbereitschaft Kritikfähigkeit Pflichterfüllung Kontaktfähigkeit
Verantwortungsbereitschaft Hilfsbereitschaft Fleiß
Lern- und Leistungsbereitschaft Ehrlichkeit Selbstständigkeit Offenheit
Anstrengungsbereitschaft Fairness Zuverlässigkeit Zivilcourage ...

Mit meinen Kindern schließe ich eine Werte-Vereinbarung:
Gemeinsam suchen wir etwa 8 Werte aus,
die wir in nächster Zeit *besonders* „pflegen“ werden:

1. ______________________ 2. ______________________

3. ______________________ 4. ______________________

5. ______________________ 6. ______________________

7. ____

Was wir in unserer Familie „hochhalten“

Unser Werte-Katalog in Deutschland. Die Grundrechte im Grundgesetz*

Diese Werte gelten für *alle* Menschen in Deutschland

Artikel 1 Die Würde des Menschen ist unantastbar …

Artikel 2 Jeder hat das Recht auf die freie Entfaltung seiner Persönlichkeit, soweit er nicht die Rechte anderer verletzt und nicht gegen die verfassungsmäßige Ordnung oder das Sittengesetz verstößt. Jeder hat das Recht auf Leben und körperliche Unversehrtheit. Die Freiheit der Person ist unverletzlich.

Artikel 3 Alle Menschen sind vor dem Gesetz gleich. Männer und Frauen sind gleichberechtigt.

Artikel 4 Die Freiheit des Glaubens, des Gewissens und die Freiheit des religiösen und weltanschaulichen Bekenntnisses sind unverletzlich …

Artikel 5 Jeder hat das Recht, seine Meinung in Wort, Schrift und Bild frei zu äußern und zu verbreiten ... Die Pressefreiheit und die Freiheit der Berichterstattung … werden gewährleistet …

Artikel 6 Ehe und Familie stehen unter dem besonderen Schutze der staatlichen Ordnung. Pflege und Erziehung der Kinder sind das natürliche Recht der Eltern und die ihnen obliegende Pflicht …

* Grundrechte Art. 1-19 im „Grundgesetz der Bundesrepublik Deutschland“: www.bundestag-grundrechte.de

Was hält uns *alle* in unserer Gemeinschaft in Deutschland zusammen?
Gemeinsame Rechte und Pflichten / Woran wir uns *alle* zu halten haben:

Menschenwürde – Grundrechte (Art 1 bis 19 Grundgesetz) –
Gewaltverzicht und Friedlichkeit – Freiheit (auch der Berichterstattung) –
Rechtsstaat – Demokratie –
Gleichberechtigung von Mann und Frau – Respekt vor anderen – soziale Verantwortung –
die Trennung von Staat und Religion – Religiöse Toleranz –

6. Gesetz: Halten Sie sich an die „goldene Mitte"!

Warum Schulerfolg einen neuzeitlichen Erziehungsstil braucht

Auf den ● gebracht

In der Erziehung die „goldene Mitte" halten.

Es ist wie beim Gärtner: Düngt er seine Pflanzen nicht, verkümmern sie. Gibt er ihnen aber zu viel Dünger, gehen sie ebenfalls ein.

Neuzeitlicher Erziehungsstil oder „autoritativer" oder „demokratischer" Erziehungsstil;
bei GdS: „Erziehungsstil der goldenen Mitte"

„Goldene Mitte" bedeutet Extreme meiden und Balance halten

Neuzeitliche Erziehung bewegt sich zwischen den Polen …

führen – wachsen lassen

eingreifen – geschehen lassen

Kontrolle – Freiraum

Nähe – Distanz

festhalten – loslassen

anregen – gewähren lassen

Vorgabe durch die Erwachsenen – eigene Entscheidung des Kindes

Strenge – Nachsicht

Anerkennung, Anleitung, Anregung
Halten Sie Balance zwischen Zuviel und Zuwenig

1. **Anerkennung ist die gefühlsmäßige Seite unserer Erziehung.** – Kind braucht Wärme, emotionale Zuwendung* und Akzeptanz, um an sich selbst zu glauben. Diese gefühlsmäßige Zuwendung* benötigt es wie Essen und Trinken.

- **Zu wenig**: Kind fühlt sich abgelehnt und allein gelassen / kein Selbstwertgefühl.
- **Zu viel**: Kind fühlt sich eingeengt / in Leistungsmotivation geschwächt.

2. **Anleitung ist die steuernde Seite unserer Erziehung.** – Kind braucht klare Vereinbarungen und Umgangsformen. Sie geben Halt und Struktur im Zusammenleben. Sie richten sich nach Persönlichkeit und Entwicklungsstand des Kindes.

- **Zu wenig**: Kind hat keinen Halt und keine Orientierung / fühlt sich hilflos und schwach.
- **Zu viel**: Kind wird bevormundet / fühlt sich unterdrückt und nicht ernst genommen.

3. **Anregung ist die motivierende Seite unserer Erziehung.** – Kind braucht Impulse für seine geistige Weiterentwicklung und die Verbesserung seines Entwicklungsstandes.

   Es braucht sie als Rückmeldungen zu dem erreichten Entwicklungsstand im sozialen und im Leistungsbereich. Rückmeldungen dienen der Bestätigung und Selbstvergewisserung.

- **Zu wenig**: Kind ist unterfordert / verliert die Lust und kann sich nicht genug entfalten.
- **Zu viel**: Kind ist überfordert / resigniert (gibt auf) und fühlt sich als Versager.

nach Prof. Klaus Hurrelmann

Für gute Schulleistungen brauchen Kinder

- … uneingeschränkte Wertschätzung und liebevolle Zuwendung* der Eltern

  * Zuwendung muss *unabgelenkt* sein: Im Gespräch, bei der gemeinsamen Wanderung, beim Weg zur Schule, beim Vorleseritual … nicht zwischendurch auf das Smartphone schauen!

- … klare Grenzen und informierende Kontrolle („Was macht mein Kind?“)
- … Halt & Orientierung und „logische Konsequenzen“ (siehe G 7)
- … Freiraum zum Experimentieren und Erforschen
- … Forderung und Förderung / …

So entwickeln Kinder eine starke Persönlichkeit

Mit dem „Erziehungsstil der goldenen Mitte“ entwickeln sich ...

... die selbstbewusstesten und kontrolliertesten,

... die zufriedensten und unternehmungslustigsten und

... die unabhängigsten **Kinder.**

- Sie können ein positives Selbstbild aufbauen.
- Sie sind davon überzeugt, ihr Leben selbst in die Hand nehmen zu können.
- Sie sind anerkannt bei Gleichaltrigen.
- Sie zeigen gute Schulleistungen.

Die „Goldene Mitte“ fördert die Ziele von Eltern, Kindern und Jugendlichen:
Leistungsfähigkeit (1), Selbstständigkeit (2), soziale Verantwortlichkeit (3).

Zur Vertiefung: „Goldene Mitte“ und Familienregeln

Wie Familienregeln dem Alter der Kinder angepasst werden

Auf den ● gebracht

Erziehung braucht Rituale* und Regeln in der Familie.
Regeln und Rituale in der Familie geben dem Kind Halt und Orientierung.

Ein Kind mit einer „sicheren Bindung“
hält die Regeln in der Familie und in der Schule ein.

Es gehorcht, weil es die Eltern liebt, Achtung vor dem Lehrer hat.

Kinder brauchen die „3A“: Anerkennung, Anregung, Anleitung. / Anleitung:

Kinder brauchen Regeln und Grenzen. Kinder <u>wollen</u> Regeln und Grenzen,

- … weil sie zum Leben gehören.
- … weil sie der eigenen Sicherheit dienen.
- … weil sie Halt und Orientierung geben.
- … weil sie die eigene Würde und die Würde anderer bewahren.
- … weil sie (in der Pubertät) Reibungsflächen auf dem Weg ins Erwachsenenleben sind.

* Rituale = Gewohnheiten, auf die sich alle verlassen und an die sich alle halten.

Kinder entscheiden, Eltern kontrollieren.

Der Elternanteil wird im Laufe der Zeit immer kleiner

Familienregeln. Anregungen für den Alltag

1. **Stellen Sie die Familienregeln zusammen mit Ihrem Kind auf.** – Für die Familienregeln gilt das Motto: „Weniger ist mehr!“ So wenige Regeln wie möglich, so viele wie nötig.
2. **Geben Sie Ihrem Kind Rückmeldung (Feedback) über sein Verhalten.** – Das ist wichtig für den Aufbau der eigenen Wertmaßstäbe.

   Kinder haben ein Recht auf Regeln und Grenzen, und sie haben ein Recht auf Konsequenz. Kinder wollen gehorsam sein, weil sie die Eltern lieben. Verstößt das Kind gegen Regeln, verletzt es die Grenzen, erwartet es selbst, dass sein Verhalten nicht folgenlos bleibt.

3. **Erfüllen Sie Ihrem Kind nicht jeden Wunsch**. – Verwöhnen Sie es nicht. Ein Kind, das keine Regeln, keine Grenzen kennengelernt hat und dem jeder Wunsch erfüllt wird, lernt z.B. nicht zu verzichten.

   Haben Sie den Mut, auch „Nein!“ zu sagen, und begründen Sie dieses „Nein“. Ein Kind, das kein „Nein“ kennengelernt hat, wird möglicherweise selbst nicht „Nein“ sagen können.
4. **Sorgen Sie dafür, dass es Familienrituale gibt.** – Sie geben dem Alltag eine Struktur. Sie vermitteln zudem Geborgenheit und stärken die Bindung zwischen Eltern und Kind.
5. **Schaffen Sie „häusliche Familienrituale“, die der Ordnung einen Gewöhnungseffekt geben. –** Das sind z.B. Körperpflege zu bestimmten Zeiten, das Aufräumen des Zimmers, das Ins-Bett-Gehen nach bestimmten Gewohnheiten, …
6. **Schaffen Sie „schulische“ Regeln und Rituale, die der Ordnung einen Gewöhnungseffekt geben. –** Das sind z.B. der aufgeräumte Schreibtisch und das Abstellen des Handys, bevor die Hausaufgaben begonnen werden, …
7. **Vertrauen Sie Ihrem Kind, aber üben Sie auch (informierende) Kontrolle aus.** – Dazu eignet sich in erster Linie das offene Gespräch. Eltern haben Verantwortung für ihr Kind. Sie sollen als Erzieher ihres Kindes wissen, wer seine Freunde sind, was es in der Freizeit macht, welche Probleme es hat, …

8. Achten Sie auf die Einhaltung der Regeln.

Über bestimmte Dinge wird nicht mehr diskutiert,
damit über andere umso mehr geredet werden kann.

Das schafft ein Klima hoher Stabilität und Verlässlichkeit – eine wesentliche Voraussetzung für gute Leistungen und das Erlernen sozialer Kompetenzen.

Familienregeln & Familienrituale

geben Sicherheit und stärken den Zusammenhalt.
Kinder und Heranwachsende wissen, was erwartet wird und was zu tun ist

1. Mit meiner Tochter habe ich die Familienregeln für das „Zu-Hause-Sein" ausgehandelt. Sie weiß
… als 10-Jährige: „Um ___ Uhr habe ich zu Hause zu sein!" / … als 12-Jährige: „Um ___ Uhr habe ich zu Hause zu sein!" / … als 14-Jährige: „Um ___ Uhr habe ich zu Hause zu sein!" / … als 16-Jährige: „Um ___ Uhr habe ich zu Hause zu sein!"

2. Beispiele für Familienregeln und Familienrituale
Fernsehen gibt es nur zu bestimmten Zeiten und bei bestimmten Programmen. / In der Schule erscheine ich pünktlich. / Die Nutzung des Internets wird kontrolliert. / An Regeln halten wir uns. / Hausaufgaben werden gleich nach der Schule oder … angefertigt – und zügig erledigt. / Ich mache regelmäßig meine Hausaufgaben und gebe mir dabei viel Mühe. / Jeden Tag auch draußen spielen. / Vor dem Schlafen abends beten oder singen oder eine Vorlesegeschichte hören. / …

Zu Hause setze ich mich mit meinem Kind zusammen.

Um den Alltag zu erleichtern, haben wir folgende Vereinbarungen getroffen

1. ______________________________

2. ______________________________

3. ______________________________

Gemeinsam werden wir diese Vereinbarungen nach ___ Monaten überprüfen:
Wurden sie auch eingehalten? Sind sie noch aktuell?

Auch Eltern halten sich an Regeln. – Auch für Regeln gelten Regeln

7. Gesetz: Verzichten Sie auf Strafen!

Was „logische Konsequenzen“ bedeuten

Auf den ● gebracht

Kinder und Jugendliche haben eine eigene Würde genau wie die Erwachsenen. Und so sollen sie auch behandelt werden.

Wenn die Kinder einen Fehler machen, sollen sie erkennen: „Es ist nicht o.k., was ich getan habe.“

Das ist ein wichtiger Schritt, um selbstständig zu werden und Verantwortung zu übernehmen.

Kinder gehorchen, weil sie ihre Eltern lieben. Damit das Kind weiß, was Eltern wollen, müssen diese deutlich sagen: „Ich will, dass du ...“

- Drohungen und Schimpfen nutzen sich ab. Strafen führen dazu, dass das Kind Angst hat und deshalb lügt.

Statt zu strafen, sprechen die Eltern mit dem Kind darüber, was falsch war und welche Folgen das hat … und ziehen gegebenenfalls „logische Konsequenzen“.

- So tadeln sie die Tat, nicht das Kind. Daran kann das Kind wachsen, sich weiterentwickeln.

Logische Konsequenzen

Halt, bis hierhin (rote Linie = Grenze) und nicht weiter!

Bei Übertretung der Grenze / bei Verletzung der Familienregel (roter Pfeil) folgt eine **„logische Konsequenz“** (grüne Pfeilspitze)

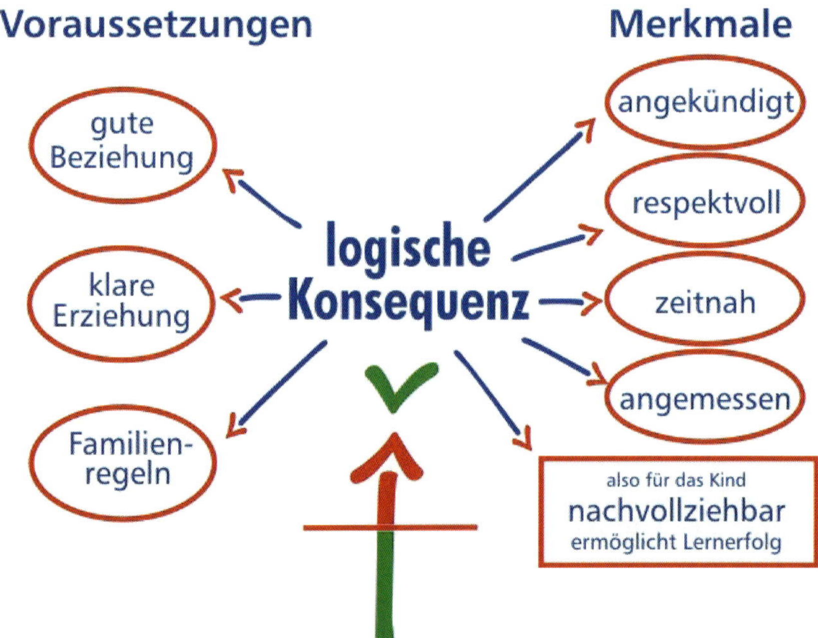

Wie Eltern „logische Konsequenzen“ anwenden

Voraussetzung ist, **(1.)** dass es zwischen Eltern und Kindern eine *gute Beziehung* gibt. **(2.)** Wichtig ist ferner, dass Eltern eine *klare Erziehung* mit Familienregeln und Grenzen praktizieren, also nicht heute „Hü!“ und morgen „Hott!“ rufen. **(3)** Das Kind muss also wissen, woran es ist, es muss die *Familienregeln* (in der Schule: die Schulordnung) und Grenzen kennen.

Zu den Merkmalen gehört, (1.) dass die „logische Konsequenz“ *angekündigt* ist, zumindest sollte das Kind damit rechnen können, dass sein Fehlverhalten Folgen hat. **(2.)** Die Persönlichkeit des Kindes darf nicht verletzt werden, die Maßnahme hat *respektvoll* zu erfolgen. **(3)** Sie soll *zeitnah* erfolgen, also nicht erst drei Tage später, wenn das Kind den Vorfall schon vergessen hat. **(4)** Sie muss *angemessen* sein, das heißt, sie muss von dem Kind auch als gerecht erkannt werden können.

Strafen vermeiden. Anregungen für den Alltag

1. **Bleiben Sie gelassen. Grenzüberschreitungen gehören zur Entwicklung und geschehen immer wieder. Gehen Sie nicht auf jede ein!** – Bedenken Sie, dass Eltern (und Lehrer) zwei Augen haben, um gelegentlich eines zuzudrücken.
2. **Stellen Sie nicht das Sanktionieren (Bestrafen) von Verstößen in den Vordergrund, sondern das Fördern der gewünschten Eigenschaft.** – Es ist das Vorrecht junger Menschen, Grenzen auszuloten, um herauszufinden, wo die liegen.
3. **Verzichten Sie auf Drohen, Schimpfen und Gewalt!** – Sie sind nicht respektvoll und fordern das Kind zum Widerstand heraus. Das Fehlverhalten wird eher noch verstärkt oder es kommt zu Vermeidungsverhalten.

Die Erziehungsmaßnahme soll das *Tun* des Kindes korrigieren, es nicht als *Person* treffen.

4. **Ziehen Sie „logische Konsequenzen“.** – Logische Konsequenzen greifen aber nur, wenn die Beziehung zwischen Eltern und Kind stimmt, wenn es also eine „sichere Bindung“ gibt. Wichtig ist stets die Frage: „Was lernt mein Kind bei dieser Konsequenz?“
5. **Denken Sie daran: Kinder sind oft auch ungehorsam (suchen negative Aufmerksamkeit), wenn sie z.B. von ihren Eltern (oder Lehrern) zu wenig Zuwendung erhalten.** – Sprechen Sie mit Ihrem Kind. Nehmen Sie sich (viel) Zeit.

Logische Konsequenzen – richtig oder falsch? (s. S. 41)

1. Tochter ist gegenüber ihren Eltern „pampig“.
- Reaktion der Eltern: Eine Woche Fernsehverbot. (r / f) – oder besser?

2. Zwölfjährige Tochter kommt 30 Minuten später nach Hause als vereinbart.
- Reaktion der Eltern: 2 Wochen Hausarrest. (r / f) – oder besser?

3. Die Tochter / der Sohn hat wiederholt keine Lust, ihr / sein Kaninchen Lotti zu füttern.
- Mutter: „Dann fütterst Du Lotti eben ohne Lust!“ (r / f) – oder besser?
- Vater: „Abendessen gibt es erst, wenn du Lotti gefüttert hast.“ (r / f) – oder besser?

4. Fahrrad-Ausflug zum Zelten an der Ostsee (9. Klasse).
Lehrer schöpft unterwegs Verdacht, er lässt am Ziel alle Rucksäcke auspacken und erkennt: Viel Alkohol im Gepäck.
- Lehrer ordnet die sofortige Rückfahrt *aller* Schüler an. (r / f) – oder besser?

5. Die Mutter ruft zum Essen. Der Sohn sitzt vor dem Computer und „hört“ nicht.
- Mutter ist ärgerlich und schreit den Sohn an. (r / f) – oder besser?

6. 15-jährige Tochter soll um 21.00 Uhr zu Hause sein. Sie kommt erst 21.45 Uhr.
- Mutter sagt: „So geht das aber nicht!“ (r / f) – oder besser?

8. Gesetz: Fragen Sie Ihr Kind: „Bist du glücklich?“!

Warum glückliche Kinder in der Schule erfolgreicher sind

Glücklich ist,
wer häufiger gute Gefühle erlebt:

Geborgenheit, Freude, Zufriedenheit,
Interesse an bestimmten Themen, Neugier, Stolz oder…

Alle Untersuchungen belegen: Familie ist das wichtigste für eine glückliche Kindheit.

Glückliche Erwachsene haben von klein an einen guten Umgang mit Gefühlen gelernt. Schaffen Sie bei Ihrem Kind die Grundlagen dafür.

Nur ein glückliches Kind kann sein Potenzial entfalten und kommt in seiner persönlichen Entwicklung voran.

Die „Glücksschale“ neigt sich

Die positiven Gefühle und Erlebnisse überwiegen.
Sie sind stärker / zahlreicher als die negativen Gefühle und Erlebnisse.

Glücksgefühle ermöglichen. Anregungen für den Alltag

1. **Ihr Kind soll sagen können: „Ich fühle mich wohl. Ich bin o.k. Ich habe Eltern, Geschwister und Freunde und Lehrer, die mich mögen.“** – Nur wer sich selbst gut findet, lernt und arbeitet auch gut.

2. **Vermitteln Sie Ihrem Kind, dass Glück nicht eine Schicksalsfrage ist, sondern dass man darum kämpfen muss.** – Gute Beziehungen, positive Erlebnisse, sinnvolles Handeln und Lernerfolge gehören dazu.

- Glück ist trainierbar. Die Volksweisheit trifft zu: „Jeder ist seines Glückes Schmied.“

3. **Tragen Sie dazu bei, dass die Fähigkeiten Ihres Kindes beständig wachsen.** – Achten Sie auf altersgemäße Herausforderungen. Denn nur eine lernanspruchsvolle Kindheit ist eine glückliche Kindheit.

4. **Verlangen und erwarten Sie etwas von Ihrem Kind und geben Sie ihm, wenn nötig, Hilfestellung.** – Glücklich macht es ein Kind, wenn das Vertrauen in die eigenen Fähigkeiten wächst, wenn es jeden Tag ein bisschen besser zurechtkommt und dabei weiß:

- „Wenn ich es nicht schaffe oder Pech habe, kann ich zu den Eltern / Lehrern gehen.“

5. **Sorgen Sie für ein emotional ausgeglichenes Familienklima.** – Ein ausgeglichenes und glückliches Kind hat es in der Schule leichter. Es kann sich auf das konzentrieren, was im Unterricht abläuft, und braucht sich nicht mit Problemen zu beschäftigen, die ihm im Elternhaus aufgeladen werden.

6. **Fragen Sie sich bei schlechten Leistungen, ob Familienprobleme die Ursache sein könnten.** – Auch nur einigermaßen glückliche Kinder können gute Schüler sein. Werden die emotionalen Belastungen aber zu groß, wird das Kind in seiner Leistungsfähigkeit geschwächt. Wird beispielsweise aus einer Trennung der Eltern ein Scheidungskrieg, belastet dies das Kind sehr stark, und schulische Misserfolge sind vorprogrammiert.

7. Fragen Sie Ihr Kind von Zeit zu Zeit:

„Gibt es etwas, worüber wir sprechen sollten?“, „Gibt es Probleme, die dich bedrücken?“, „Bist du glücklich?“ Lassen Sie den Gesprächsfaden zu Ihrem Kind nie abreißen.

Der kleine Prinz / Antoine de Saint-Exupéry (franz. Schriftsteller)

„Gib mir nicht, was ich mir wünsche, gib mir, was ich *brauche*."

Gesetz 1 – Liebe, Geborgenheit, Zeit, Zuwendung, Zuverlässigkeit, Respekt **G 2** – positive Rückmeldung, Anerkennung, Lob **G 3** – Spielen, Freunde, Natur, erwachsenenfreie Räume **G 4** – Anstrengung, Arbeit, Leistung, „erreichbarer Unterschied" **G 5** – Vorbild der Eltern, Familienwerte **G 6** – die 3 A: Anerkennung, Anregung, Anleitung **G 7** – „logische Konsequenzen" **G 8** – Glück!

„Machen Sie Ihr Kind glücklich!"

Bald nach der Einschulung fragt eine besorgte Mutter die Lehrerin ihrer Tochter: „Was muss ich tun, damit meine Tochter in der Schule zum Erfolg kommt?"

Die lebenskluge Lehrerin antwortet: „Sorgen Sie dafür, dass Ihr Kind zu Hause glücklich ist. Dann wird sich auch in der Schule der Erfolg einstellen!"

Bleiben Sie gelassen!

Fehler gehören zum Leben – auch in der Erziehung

Abschiedsreden habe ich schon viele gehört – und als Schulleiter auch viele selbst gehalten. Die mit der alten Schiefertafel aber ist mir in besonderer Erinnerung.

An meiner ersten Schule als junger Lehrer hörte ich, wie der Schulleiter, der damals selbst kurz vor seiner Verabschiedung stand, von seiner ersten Schiefertafel erzählte. Er hatte diese Tafel als ABC-Schütze erhalten und sie ein Leben lang aufgehoben. Stolz und ein wenig wehmütig zeigte er sie jetzt seinen ehemaligen Schülerinnen und Schülern. Die meisten von ihnen hatten so ein „Schulhandwerkszeug" vermutlich noch nie gesehen.

In seiner Rede geriet der alte Schulleiter regelrecht ins Schwärmen, als er davon berichtete, welch ein beruhigendes Gefühl es für ihn gewesen sei, auf diese Tafel zu schreiben. Denn dabei brauchte er keine Angst vor Fehlern zu haben: „Wenn ein Wort falsch geschrieben oder eine Zahl falsch gerechnet worden war, nahm ich einfach den Schwamm. Und hatte ich den zu Hause vergessen, war das auch kein Problem. Ich spuckte einmal kräftig auf den kleinen Fehler und wischte ihn dann mit dem Ärmel weg!", berichtete er.

Allerdings, und da wurde der Schulleiter sehr nachdenklich, mussten die Schüler damals beim Schreiben sehr aufpassen und vorsichtig sein, damit sie mit dem spitzen Griffel keine Kratzer auf die Tafel machten. So ohne weiteres eine neue Tafel zu kaufen, kam in der damaligen Zeit nicht in Frage – ganz abgesehen davon, dass sich viele Mitschüler das auch gar nicht hätten leisten können.

Seine Rede schloss der erfahrene Schulleiter mit der Ermutigung an seine ehemaligen Schülerinnen und Schüler, ebenfalls im Leben keine Angst davor zu haben, auch mal einen Fehler zu machen. Fehler seien eben das Salz des Lebens. Allerdings sollten die jungen Leute darauf achten, dass dabei – wie auf der Schiefertafel – keine Kratzer nachblieben.

Auch Eltern müssen nicht perfekt sein. Im Gegenteil! Eltern, die immer perfekt sein wollen, sind nicht wirklich gute Eltern. Wie wir alle lernen auch Eltern schließlich ständig wieder etwas dazu. Aber bei aller gebotenen Gelassenheit müssen Mütter und Väter doch achtsam sein. Bei ihrer Erziehung sollen keine Kratzer auf der zarten Kinderseele zurückbleiben!

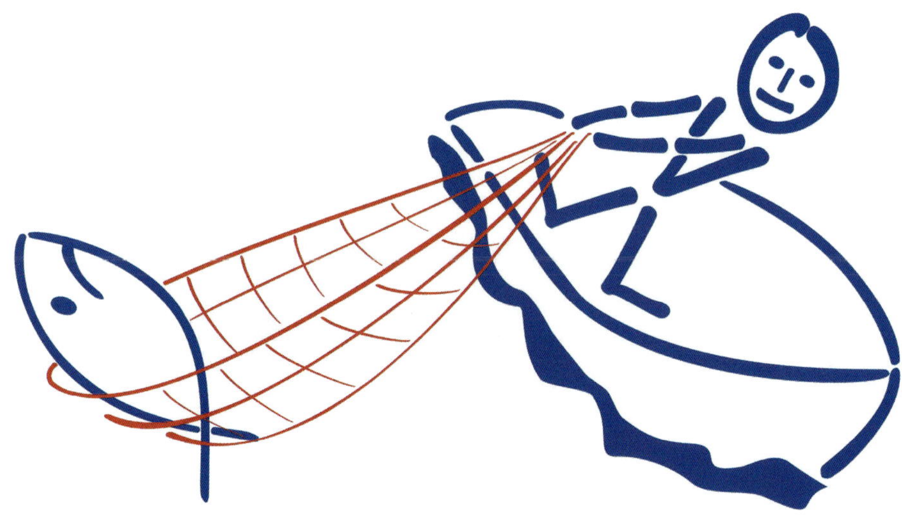

Hilfreich ist das Bild, das der Lübecker Schriftsteller und Nobelpreisträger Thomas Mann – vielleicht am Strand von Travemünde – beobachtet hat. Neigt sich das Boot nach links, muss der Schiffer sein Gewicht nach rechts verlagern. Neigt sich das Boot aber nach rechts, muss er das Gewicht nach links verschieben.

Achtsame Eltern machen es ebenso. Sie beobachten ihre Kinder. Sie meiden die Extreme. Sie versuchen Balance zu halten. Dabei können sie sich gern auf ihr Gefühl verlassen. Die Goldene Mitte ist auch in der Erziehung richtig.

Adolf Timm

Zum Schluss

Das Programm „Die Gesetze des Schulerfolgs (GdS)" in seinen beiden Modulen
„GdS – Stark in die Schule" und „GdS – Stark in der Schule"

ist aus einer langjährigen vertrauensvollen Zusammenarbeit des GdS-Teams entstanden. Es vereint die Erkenntnisse eines Wissenschaftlers mit den Erfahrungen von Praktikern.

Ziel unseres GdS-Programms ist es, den Blick dafür zu schärfen, dass es die Kinder sind, in deren Hände wir schon bald die Zukunft legen werden.

Damit ihre gute Entwicklung gelingt, muss die Gesellschaft sich noch viel stärker auf dem Feld engagieren, das für diese Zukunft entscheidend sein wird: Bildung!

... ein herzlicher Dank

... für die Praxisberatung und hilfreiche Anregungen an Eva Jermer (Grafschaft / Rheinland-Pfalz). Eva Jermer hat als Lehrerin und Elterntrainerin vielfältige Erfahrungen. Sie leitet die GdS-Fortbildungsveranstaltungen für Erzieher und Lehrer.

... für einfühlsame Textbearbeitung an Gisela Witte (Germanistin in Berlin). Sie ist seit Jahren unsere verlässliche und bereitwillige Ansprechpartnerin für alle Fragen, die gelegentlich im Umgang mit der deutschen Sprache auftauchen.

Gisela Witte hat mit Sachverstand und Engagement das Entstehen aller Teile dieser GdS-Elternhefte begleitet und uns wichtige Anregungen dazu gegeben.

... für die Gestaltung der Grafiken an Helmut Jermer (Grafschaft / Rheinland-Pfalz – www.jermerdesign.de –). Helmut Jermer hat nicht nur unser Logo entwickelt, er hat GdS auch ein unverwechselbares Gesicht gegeben.

Seine Grafiken tragen dazu bei, dass diese Elternhefte auch von Eltern verstanden werden können, die die deutsche Sprache noch nicht / nicht sicher beherrschen.

*

Abschließend eine Anmerkung zum Sprachgebrauch:
Aus Gründen der Lesbarkeit haben wir auf die Verwendung von Paarformen verzichtet. Wenn wir z.B. von Lehrern reden, meinen wir auch Lehrerinnen – oder umgekehrt.

Lösungen

Gesetz 2: Gesetz 2 (Vertiefung): 1 f (?) / 2f / 3 r / 4 f / 5 r / 6 v (vergiftet) / 7 f / 8 r / 9 r (?) / 10 r (nur Opa darf das!) / 11 r / 12 f Es kommt auf die Situation an!

Gesetz 5: „Wer Kindern die Liebe zur Natur predigt, … bringt ihnen das Predigen bei, aber nicht die Liebe zur Natur." (Alice Miller, Kindheitsforscherin)

Gesetz 7: Fall 1 „pampige" Tochter (r / f x), besser Tochter isst auf ihrem Zimmer, damit Familie nicht unter ihrer schlechten Laune leiden muss – (evtl. Erweiterung: am Abend keine Freunde treffen); | Fall 2 „Verspätung" (r / f x), ist so unangemessen streng, daher eher eine Strafe; | Fall 3 „Dann fütterst du Lotti ohne Lust!" (r x als Vorwarnung / f), denn Pflichten werden nicht nach Lust und Laune erledigt; „Abendessen nach Kaninchenfüttern" (r x / f), wenn das wiederholt vorgekommen oder angekündigt ist; | Fall 4 „Alkohol auf Klassenfahrt" (r x / f), dem Lehrer bleibt keine andere Wahl. Gesonderte Schulstrafe für die Alkoholsünder folgt später noch; | Fall 5 „Sohn kommt nicht zum Essen" (r / f x), wer schreit, zeigt nur seine Hilflosigkeit. Besser: (Essen oder) Nachtisch ausfallen lassen; | Fall 6 „15-jährige Tochter kommt zu spät" (r / f x), denn Tochter ist jetzt wenig beeindruckt.

Bildnachweis

Gestaltung Cover und Rückseiten: anjagrimmgestaltung.de (Gestaltung), stephanengelke.de (Beratung); Cover-Foto: © Robert Kneschke /stock.adobe.com;
S. 5 © beermedia/stock.adobe.com; S. 6 © GraphicsRF/stock.adobe.com; S. 7 © bluedesign/stock.adobe.com; © Luis Louro/stock.adobe.com; S. 10 © contrastwerkstatt/Fotolia.com; S. 11 Yeko Photo Studio/stock.adobe.com; Mammut Vision/stock.adobe.com; S. 12 © Roadrunner/stock.adobe.com; © llike/stock.adobe.com; (+ S. 36) © mamahoohooba/stock.adobe.com; © photophonie@stock.adobe.com; S. 14 © Leonid Nyshko/stock.adobe.com; S. 16 John Smith/stock.adobe.com; S. 17 © honeyflavour/stock.adobe.com; © Belinda Pretorius/stock.adobe.com; © vladgrin/stock.adobe.com; S. 20 (+ S. 34) © z10e/stock.adobe.com; S. 22 © fotomek/stock.adobe.com; © bokan/stock.adobe.com; © patrick/stock.adobe.com; © WaterJoe/stock.adobe.com; S. 24 Nelo/stock.adobe.com; S. 25 © Marcito/stock.adobe.com; S. 27 © fotomek/stock.adobe.com; S. 28 © Anja Greiner/stock.adobe.com; S. 30 © r0b/mstock.adobe.com; S. 31 © THisIMPLIFY/stock.adobe.com; S. 33 © Ramona Heim/stock.adobe.com; S. 34 © fotohansel/stock.adobe.com; S. 37 © pict rider/stock.adobe.com; © Henlisatho/stock.adobe.com; S. 38 © djama/stock.adobe.com

Impressum

www.friedrich-verlag.de

Druck: Zimmermann Druck + Verlag GmbH, Widukindplatz 2, 58802 Balve
Printed in Germany

Bestellnummer: 14864